Traude Veran

BASHŌS KLEINER FREUND

Gedanken und Haiku
zum berühmten Froschgedicht

Bibliografische Information der Deutschen Nationalbibliothek: Die Deutsche Nationalbibliothek verzeichnet diese Publikation in der Deutschen Nationalbibliografie; detaillierte bibliografische Daten sind im Internet über: http://dnb.d-nb.de abrufbar.

Rotkiefer Verlag
www.rotkiefer-verlag.de
kontakt@rotkiefer-verlag.de

Autorin: Traude Veran

Satz- und Covergestaltung:
Stephanie Mattner

Grafik der Innendeckblätter © Julia Dreams
Grafik S.8 © Maria Stezhko (shutterstock.com)
Grafiken S. 3, 12, 18, 30, 39, 43, 53
© Viktoria Karpunina (shutterstock.com)
Grafik S.59 © Daiquiri (shutterstock.com)
Autorenfoto S. 63 © Sylvia Bacher

Druck und Distribution: BoD.de

ISBN: 978-3-949029-09-7

(Zitationsstand für alle Weblinks: 2020)

www.rotkiefer-verlag.de

Inhaltsverzeichnis

Über das Buch

Seit über 40 Jahren schreibt und beschäftigt sich die Wienerin Traude Veran mit dem Haiku.

Ihre Begeisterung für die aus dem japanischen stammende Kurzgedichtform begann nach der Lektüre eines der bedeutendsten Haiku von Bashō (siehe S. 10). Seither sammelt Traude Veran „Frosch-Haiku“ und damit in Verbindung stehende Kunst/Assoziationen, überwiegend aus dem deutschen Sprachraum.

Mit diesem Buch ermöglicht sie einen faszinierenden Einblick in ihre Sammlung – begleitet von ihren anregenden Gedanken und Betrachtungen, sowie eigenen Haiku zur Thematik.

Der Rotkiefer-Verlag ist dankbar für die Möglichkeit, dieses über Jahre zusammengetragene Kleinod veröffentlichen zu können und wünscht schöne Begegnungen mit *Bashōs kleinem Freund*.

Der berühmteste aller Frösche

Eine Hommage an Matsuo Bashō

古池や	*furu ike ya*	Der alte Teich
蛙飛び込む	*kawazu tobikomu*	Ein Frosch springt hinein
水の音	*mizu no oto*	Das Geräusch des Wassers

Dietrich Krusche

Denkmal für Bashōs Frosch-Haiku,
Kiyosumi Garten, Tokyo

Kein Haiku ist universeller bekannt als das Frosch-Haiku von Bashō (1644-1694). Kaum eines hat andere Haijin bis in unsere Tage mehr dazu angeregt, mit ihm zu spielen, es zu parodieren oder einfach darüber nachzudenken und daraus zu lernen. *Kein Einführungskurs ohne Bashōs Frosch-Haiku*, wie ein Workshopbericht 2019 in *SOMMERGRAS*, der Zeitschrift der *Deutschen Haikugesellschaft*, titelt.

Und auch die Zeitschrift der *Haiku Society of*

America hat den Frosch in ihrem Titel verewigt – sie heißt *FROGPOND*.

Zu diesem Paradigma eines Haiku meldeten sich aber nicht nur Liebhaber, sondern, vor allem in Japan, auch angesehene Kritiker zu Wort.

Man warf ihm Mangel an objektiver Beschreibung vor, es erlaube allzu viele unterschiedliche Vorstellungen der Szenerie.

Ich halte gerade diese Offenheit für einen Vorzug, sie lässt der Fantasie der Betrachtenden viele Wege frei.

Ich kannte das Frosch-Haiku lang, bevor ich selber eines schrieb, nämlich seit dem 12. Mai 1955. Wieso ich das so genau weiß?

An dem Tag habe ich durch dieses Haiku meinen Mann kennen gelernt. „Du weißt nicht, was das Frosch-Haiku ist?“, empörte sich der ernsthafte Student und schenkte mir beim nächsten Treffen unserer Runde den kleinen Band *Vollmond und Zikadenklänge*. Ein halbes Jahr später waren wir verheiratet.

Das hat mein Verhältnis zu Fröschen natürlich beeinflusst.

Also schickte ich im Frühjahr 2020 über eine Aussendung der *Österreichischen Haiku Gesellschaft* (ÖHG) die Bitte um Frosch-Haiku in die Welt.

Das Echo war gewaltig: eine Quaksinfonie! Fast 200 Frösche!

Wie sollte ich da nur wählen?

Ventilatorsurren ...
der Notizblock voll
mit Fröschen

CLAUDIA BREFELD

Zen-Philosophie und das Frosch-Haiku

Der deutsche Zen-Philosoph Gerhardt Staufenbiel spricht von *Zenkunst der Achtsamkeit* und erklärt das u.a. an Hand des Frosch-Haiku.

Er schildert anschaulich, wie sich Bashō und sein Freund am alten Teich über verschiedene Arten der Stille unterhalten und dann meditieren, als ein Frosch dazwischen platscht. Staufenbiel: *Was für ein Augenblick der überraschenden Vergänglichkeit!* Sie haben das nur gehört, gar nicht gesehen – woher wollen sie wissen, dass es ein Frosch war? Der Freund zitiert: *Hinter dem Zaun Hörner sehen und schon wissen, dort weiden Rinder*.

Der Frosch war längst verschwunden, als das Geräusch sie aus ihrer Versunkenheit weckte. Er ist, von ihnen aus gesehen, nicht ins Wasser gesprungen, sondern in den Ton (*mizu no oto* = Klang des Wassers). Vielleicht bemerkten die beiden jetzt erst, dass da ein Teich ist: *Furu ike ya!* He, ein alter Teich! (*ya* ist eine Interjektion.) Es war der Ton, der sie auf das Gewässer aufmerksam gemacht hat.

Getsuju: Frosch und Maus

Staufenbiel (siehe unten) schildert weitere ähnliche Begebnisse.

Im *shishi odoshi*[1] etwa sitzt der Frosch auf dem Bambusrohr, er, der viel schöner sitzen kann als die Menschen, grinst respektlos, quakt und platscht, wann immer er will.

Die Hände am Boden
Intoniert er in großer Pose
Seinen Gesang – der Frosch

Da – der kleine Frosch
Sitzt mitten im Wasserrohr!
Shishiodoshi!

Der stille Garten!
Bashō sitzt im Wasserrohr –
Aber er springt nicht!

---

1 Die Bambusrinne füllt sich mit Wasser, kippt, wenn sie voll ist, und klickt dabei.

Das Geräusch des Wassers

Die dritte Zeile des Frosch-Haiku bereitet Übersetzern und Übersetzerinnen viel Kopfzerbrechen. Ist *Geräusch* nicht ein allzu banales Wort für diese meditativ-poetische Szene? Was findet Bashō an solch einem Ausdruck? Das fragen sie sich, frage auch ich mich. Ich fürchte, manche von uns versuchen sogar, den Altmeister zu verbessern, indem sie (ich auch) das Tönen onomatopoetisch nachahmen: *kerplunk* z.B. (Allen Ginsberg) oder schlicht *platsch*.

Vor wenigen Tagen – ich war der Meinung, mit dem Manuskript dieses Buches sei ich längst fertig – studierte ich Staufenbiels Gespräch zwischen Bashō und seinem Freund noch einmal. Dabei wurde mir plötzlich klar, warum mich dieses Haiku seit Jahrzehnten beunruhigt: Wir beten nach, was wir gelesen haben, statt selbst zu beobachten. Hätte uns nicht allein die Tatsache, dass so viele persönliche Varianten des *misu no oto* ersonnen wurden, auf eine Störung im Gedankenfluss hinweisen müssen?

Mir bleibt nur eines: Ich setze mich abends an unsren Teich. Zum Glück passt die Jahreszeit, die Frösche tun mir den Gefallen und hüpfen, mal geschmeidig und leise, mal laut und übermütig, aber immer unüberhörbar.

Nur – das ist noch nicht alles! Ist der Frosch weg, breiten sich Wellenkreise aus, umspülen die Wasserpflanzen, werden von ihnen abgedrängt, zur Seite, zurück und gegeneinander gestoßen, bilden winzige Kämme, verlaufen schließlich am Ufer. Überrascht stelle ich fest, dass ich über dem Zuschauen das Zuhören vergesse. Beim nächsten Frosch schließe ich die Augen.

platsch
gluck glucklück
blibliblibl ib

Nicht *eines*, sondern eine Reihe verschiedenster Geräusche folgt dem Froschsprung! Die japanische Grammatik teilt uns das nicht mit, sie unterscheidet nicht zwischen Singular und

Plural. Aber wir wären selbst drauf gekommen, hätten wir, wie Bashō, mehr beobachtet und weniger analysiert.

Eine Erkenntnis nach mehr als 60 Jahren.

Traude Veran

Frosch und *kigo*

Bashō war nicht der Erste, der den Quaker verewigte. Frosch ist ein beliebtes *kigo* (Jahreszeitenwort) für die Mitte des Frühlings.

Auch für uns westliche Menschen symbolisiert er das Erwachen von Bewegungs- und Sinnenlust: Endlich sind Dunkelheit und Winterstarre vorbei! Neues Leben beginnt! So wird dieses Symbol z.B. von Carsten Kaven gleichrangig neben die Kirschblüte gestellt, und das nebenbei, zu einem ganz anderen Thema: *Auch im Frosch und im Kirschblütenzweig erkenne ich mich selbst.*

Froschgetön im Haiku bezieht sich traditionell auf das Gequake, aber Bashō wählte einen ganz anderen Laut: den des Wassers.

Und beschert uns damit die vielfältigsten Ansätze zur Übertragung, ja zur Interpretation.

Das Frosch-Haiku übersetzen

Wenn wir die verschiedenen Bemühungen betrachten, ahnen wir, wie vielschichtig dieser vermeintlich simple Text in Wirklichkeit ist.

Gerade die Schlichtheit sowohl des Bildes als auch der Worte lässt ihm eine unendliche Fülle von Gedanken entspringen – gleich einem Strauch voller Blüten aus unscheinbarem Keimblatt.

Dank den Sammlungen von Wittbrodt und Aitken liegen mir 46 Übertragungen vor.

Einige davon stelle ich hier beispielhaft vor. Die Übersetzer nähern sich der Aufgabe auf verschiedenen poetischen Wegen.

1. Textgetreue Wiedergabe

Übersetzungen, die sich möglichst um Worttreue bemühen, sind natürlich einander sehr ähnlich. Unterschiede gibt es fast nur in der dritten Zeile. Da ließen die Übersetzer gern ein wenig von ihrem eigenen Denken einfließen.

Ein stiller, öder Teich.
Da plötzlich rauschts im Wasser:
Es sprang ein Frosch hinein.

KARL FLORENZ, 1905/06

Der alte Weiher:
Ein Frosch, der grad hineinspringt.
Des Wassers Platschen.

JAN ULENBROOK, 1963

Der alte Teich
Frosch springt hinein
Große Wassermusik

EIKE FALK, 2014

Ein uralter Weiher
Vom Sprung eines Frosches
Ein kleiner Laut

MANFRED HAUSMANN, 1898-1986

Alter Teich in Ruh
Fröschlein springt vom Ufersaum
und das Wasser tönt.

GEROLF COUDENHOVE, 1955

Eine Zwischenbemerkung: Coudenhove, ist mir aufgefallen, verwendet gern Trochäen. Ob das mit der Betonung seines eigenen Namens zu tun hat?

Ein alter Teich!
Platsch macht's! –
Ins Wasser sprang der Frosch

G. HAUG (NACH SYLVIA BACHER)
vertauscht hier Zeile 2 und 3.

Ach, ein alter Teich
ein Frosch sprang ins Wasser
der Klang des Wassers

Radio Ö1, 12/2001, *Stille in der Musik*; ein Japaner zitiert Bashō, nach Herta Danzer.

O alter Teich!
Ein Fröschlein sprang ins Wasser,
hör!

HANS UEBERSCHAAR, 1885-1965

Interessant sind für mich zwei Varianten von Wilhelm Gundert, zwischen denen mehr als zwanzig Jahre liegen. Hat sein Stilwandel vielleicht mit den politischen Ereignissen dazwischen (er war Nationalsozialist) und einem nachfolgenden Bedürfnis nach Harmonie, ja Romantik zu tun?

Uralter Weiher:
Von dem Sprung eines Frosches
Im Wasser ein Ton.

1929

Da, der alte Teich!
es hüpfte ein Frosch hinein,
das Wasser raunte.

1952

Die älteste mir bekannte Übersetzung stammt von Lafcadio Hearn (1850-1904), einem in Griechenland geborenen Weltbürger.

Mit 40 Jahren wurde er in Japan sesshaft und nannte sich nach seiner zweiten Frau KOIZUMI Yakumo. Er hatte eine Professur an der Kaiserlichen Universität in Tokio inne. Die japanische Kultur hatte gerade begonnen, sich der Welt zu öffnen, und er machte sie als einer der Ersten im Westen bekannt.

Sein Werk umfasst Dutzende von Veröffentlichungen und Übersetzungen. Japan würdigt die Verdienste Koizumis mit dem Literaturmuseum *Koizumi Yakumo Kinenkan* in der Nähe seines Wohnhauses.

Old pond
frog jumped in
sound of water

HEARN, 1898

Hearn lieferte diese Arbeit nicht nur sehr früh, sondern hielt sich auch ganz eng an das Original. Sein Denken passt eher ins 21. als ans Ende des 19. Jahrhunderts. Je näher wir dem Heute kommen, desto mehr gleichen die Übersetzungen der seinen, desto weniger versuchen die Poeten ihre eigenen Gedanken in dem Vers unterzubringen.

Aus dem Online-Portal *Lyrikzeitung & Poetry News:*

Als Hearn das vor 120 Jahren übersetzte, hielten die ersten deutschen Herausgeber Haikus noch für unübersetzbar. Als man sie dann übersetzte, glaubte man in der Übersetzung kommentieren (ergänzen oder aufhübschen) zu müssen.

2. Versuche und Nachdichtungen

Manche Autoren versuchten sich dem Stil der deutschen Lyrik des 19. Jahrhunderts anzupassen, an dem beklagenswerterweise bis weit in die Fünfzigerjahre neue Produktionen gemessen wurden.

Wir finden Gefühlsausdrücke, Verniedlichungen und sogar Titelzeilen.

Poster Meinolf Reul in der *Lyrikzeitung*:

[Sie] haben Tusche durch Kleister ersetzt.

Diese Autoren halten eher weniger von *wabi*, der Haiku-Ästhetik des Einfachen. Aber auch aus ihren Texten können wir die Vielfalt der Gedanken erkennen, die das Frosch-Haiku transportiert.

GESTÖRTE STILLE

Uralter Weiher,
Verträumt! – Da platscht ein Froschsprung,
Nun tönt das Wasser!

JULIUS KURTH, 1909

Kurth schenkt uns (neben einer Überschrift) ein doppeltes Hörerlebnis: Zuerst das abrupte Platschen, dann ein verlaufendes Tönen, parallel zu den verlaufenden Kreisen im Wasser. Wobei die Wendung *tönt das Wasser* eine geniale Übersetzung eng am Original ist.

DER TEICH

Ein stiller, öder Teich.
Horch, hörst du’s plätschern?
Ein Fröschlein sprang ins Wasser!

Anna von Rottauscher, 1941

Rottauscher, die Haikupionierin, vertauschte hier die Zeilen 2 und 3, wie auch schon Haug (vgl. S. 21). Das verändert den Vers völlig, macht ihn zu einer kausalen Erklärung und nimmt ihm das Schwebende. Auch Genies greifen manchmal daneben.

AM TEICH

Ein stiller öder Teich, ein träumerisches Ried.
Da – plötzlich rauschts im Wasser irgendwo: –
Ein Frosch, der kleine Kreise zieht.

Paul Lüth, 1942

Lüth nennt seine Übersetzungen „Umdichtungen“, er erhebt nicht den Anspruch, es seien Haiku. Er schuf ein dreizeiliges, gereimtes Gedicht, stimmungsvoll, aber eben Lüth und nicht Bashō.

Einsam ruht der See
Ach so still, da springt, o weh,
Klatsch ein Frosch hinein

LUDWIG HARALD SCHÜTZ, 1873-1941

Zurückgenommener Vers, trotz des Reims. Die Textumstellung ist etwas verwirrend. Schütz bringt einen Hauch von Komik hinein, die recht gut passt.

Old garden lake!
The frog thy depth doth seek,
And sleeping echoes wake!

HIDESABURO SAITO, 1866-1915

Wie man sieht, gibt (oder gab) es die Tendenz zur Erweiterung auch bei Japanern. Saito war Verfasser von Sprachlehrbüchern, die noch immer verwendet werden, und hat das Englische perfekt beherrscht. Er hat vielleicht gar nicht übersetzen wollen, sondern das (japanische) *hokku* in ein (englisches) *poem* verwandelt.

AN DEN TEICH

Auge des Waldes, schilfbewimpert.
Da springt ein Frosch …
Nun klingt die Stille.

WERNER HELWIG, 1945

Helwig ist ebenfalls im „Gedichtmodus"; er bringt mit der dritten Zeile eine neue Idee ins Spiel, die Stille als Persona.

Ein uralter Weiher.
Der Sprung eines Frosches
vertieft das Schweigen.

Manfred Hausmann, 1960

Ebenso Hausmann. Er beschäftigte sich viel mit dem japanischen Haiku und verwendete im Deutschen häufig wesentlich mehr Silben als gefordert. ... *vertieft das Schweigen* ist eigentlich das schwermütige Gegenteil vom Wassergeräusch Bashōs, sozusagen dessen Kippfigur.

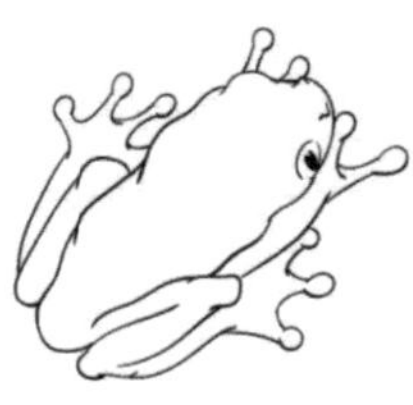

3. Den Gedanken der Übersetzerin Herta Danzer nachgehen

Lärm vom sonst stillen
Teich, der Frosch ist in sein
Element gesprungen

Ein Frosch ist in den
spiegelglatten Teich gehüpft –
der Laut des Wassers.

Mit gekonntem Sprung
klatscht der Frosch aufs Wasser
des uralten Teichs

Spiegelglatt der Teich
ein Frosch hüpft hinein
Wellen hinterlassend

Das sind einige von vielen Wendungen, die Herta Danzer sowohl dem Original als auch ihren eigenen Vorstellungen abgerungen hat.

Manche klingen wie Klärungsversuche, Ausgangspunkte, die zum passenden Wort führen sollen und lassen uns an der Arbeit der Übersetzerin teilnehmen.

Ja, der Weg des Haiku ist ein Weg des Suchens!

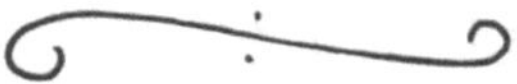

Wir sehen: Hält man sich nicht hauteng an das Original, verfasst man sehr schnell eine Bearbeitung statt einer Übersetzung.

Das blitzt schon bei den eher wörtlichen Übertragungen auf (*da plötzlich ..., Wasser-*

musik ..., raunte usw.). Hat die europäische Dichtung wirklich diese Tendenz zu belehrenden und ausufernden Erklärungen?

Roland Barthes drückt es so aus:

Der Westen tränkt alle Dinge mit Sinn.

Er verstopfe die für das Haiku essentiellen Lücken mit Bedeutung.

Man könnte es aber auch anders sehen:

Hier finden wir Strophen, die über das Original hinausgehen; sie zeigen, wie viele Gedanken dieses auslöst.

Genau das aber ist die Forderung an das Haiku!

Es soll den Wortsinn transzendieren, soll verhüllen und nur andeuten (*yūgen*), was von Mensch zu Mensch anders erlebt werden kann.

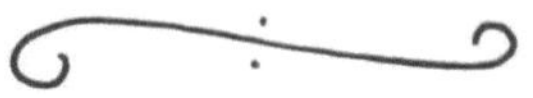

Parodien und Variationen

So schrieb der alte Zen-Meister Sengai, 1750–1830:

Der alte Teich!
Bashō springt hinein,
Ton des Wassers!

„Ja, dürfn s' denn das?", fragte Kaiser Ferdinand 1848, als man ihm von den aufständischen Bürgern berichtete.

Zen-Meister Sengai

Die Kunst aber darf bekanntlich alles ...

Der große Sengai karikierte nicht nur den großen Bashō, sondern damit auch seine Zeitgenossen, die in Ehrfurcht vor dem Altmeister erstarben und sich so etwas wohl nicht getraut hätten.

Dabei hielt er sich außer bei der Person des Springers völlig an die Wortwahl des Originals, was die eigentliche Komik erzeugt.

Kobayashi Issa, der Dichter des einfachen Lebens, „darf“ natürlich ebenfalls scherzen, besonders wenn er gleichzeitig dem verehrten Kollegen seine Reverenz erweist:

Old pond –
please, go you first
frog jumping

KOBAYASHI ISSA, 1763-1828

schrieb er beim Besuch der Ruinen von Bashōs Hütte.

Wie elegisch sieht hingegen Buson den Alt-Meister:

Der Frosch aus dem altem Teich
altert –
Blätter fallen

JOSA BUSON, 1716-1784

Dürfen auch wir Heutigen an der Patina kratzen? Angesichts der Ergebnisse kann ich nur sagen: Wir dürfen, weil wir es können:

bei bashō springt ein frosch –
bei mir hüpfen fünf in den teich,
so ich ihm nahe – das platscht!

THEO SCHMICH

Am alten Weiher
spitze ich meine Ohren
doch der Teich, er schweigt

SUSANNE MOSER-PATUZZI

Alter Teich
Ein Frosch, hineinspringend,
Als Klingelton

THOMAS GLATZ

Der alte Teich
Bashō hüpft hinein
Da machst du Augen, Frosch!

RÜDIGER JUNG

Entnervt springt der Frosch
beim Genju-an[2] ins Wasser.
Schon wieder Haijin.

GEORGES HARTMANN

---

2 Genju-an ist eine Eremitage, in der Bashō mehrere Monate verbrachte.

Weitere Varianten des Frosch-Haiku

twee kleine handjes
rusten op de vijverrand –
deze springt nog niet!

[zwei kleine Händchen
stützen sich auf den Teichrand –
Der da springt noch nicht!]

Lia de Ceuninck van Capelle, Belgien

Am Teich ganz still kreist aufgeregt die Libelle wo ist der Frosch?	Teich ganz still zickzack/unstet die Libelle kein Frosch

Gemeinsam erarbeitet im
7. Haiku-Workshop Wiesbaden

still glitzert der teich
dreihundert jahre haiku
mein frosch nimmt anlauf

Inge-Monika Hofmann

Vom Reisschößling
platscht ins Wasser
Bashōs kleiner Freund

Heidelore Raab

Jetzt noch ein paar „Frösche“ von mir [Traude Veran]:

der alte Dichter
am Froschteich sitzend
lächelnd

ein Frosch sitzt
auf dem Lotosblatt –
spring!

Da kommt er
vom Teich – sein neues
Haiku memorierend

Platsch!
Bashō schwimmt
die Frösche flüchten

ihr frechen Blüten!
versteckt sich Bashōs Frosch
in Seerosenblättern?

Kräuselringe
auf dem alten Teich –
weg ist der Frosch

Beschaulich atmen –
da springt der Frosch
in den Teich

den Frosch knipsen
am alten Teich
platsch – weg isser

der Froschchor
gibt ein Konzert – ich schreibe
die Solostimme

In manchem Haiku ist das Zitat nur mehr zu erahnen oder vielleicht auch gar nicht beabsichtigt.

Froschperspektive
da stehen sie und warten
auf den Klang des Wassers

GABRIELE HARTMANN

im Frühlingslicht
der Frosch vom letzten Jahr
mein Herz tut einen Sprung

GABRIELE HARTMANN

vor tagen der platsch
in den teich – nun schwimmen im
wasser kaulquappen

PETRA SELA

Guten Morgen, Frosch
vor dir liegt der kühle Teich
wann springst du endlich?

Susanne Moser-Patuzzi

Frösche aus anderen Geschichten

Bashōs Frosch ist nicht der einzige berühmte Hüpferling. So manche Haijin wandten sich seinen Vettern zu:

so grün sitzt er da
gleich werf ich ihn an die Wand
ob er ein Prinz wird ...

Donata Truger

Der Frosch mit Maske
Lässt Edgar Wallace grüßen
Und quakt kriminell

Donata Truger

Froschkonzert
die Nachbarin wartet
auf den Storch

PIT BÜERKEN

Frosch im Hals
in ihrer Nähe verschlägt es
ihm die Sprache

PIT BÜERKEN

Du böses Fröschlein!
Verweigerst mir armen Maid
die gold’ne Kugel

ROSEMARIE SCHULAK

Noch ein paar Froschgedanken

Weiher-Idylle
Frosch und Libelle üben
Konzert mit „Abstand“

Paul Dinter

Kleiner grüner Frosch
wie triffst du nur die Kreise
stets in der Mitte

Hubert R.H. Jünger
zitiert von Margret Buerschaper

Hätte doch auch mein Gedicht
Schallblasen und lockte
die Weibchen an!

Joachim Gunter Hammer

Ein Frosch hüpft im Staub
wo vor dem Klimawandel
der Weiher träumte

Susanne Moser-Patuzzi

Nächtliches Ried
ohrenbetäubende
Partnersuche

Heidelore Raab

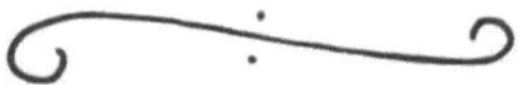

Auch andere Literaten reizt das Thema

Stellvertretend für alle Dichterinnen und Dichter, die dem Frosch ihre Reverenz erwiesen haben, diese beiden:

schwimmen rosen
auf dem alten schlossweiher
ein frosch ruft kuckuck

H.C. Artmann

und aus dem schweigen springt
bashō!
ans ufer der frosch

Christian Loidl

Viele Einsender*innen beschreiben selbst erlebte Froschbegegnungen und lassen sich von Bashō nicht weiter beeinflussen.

brüchige mauern
was könnten sie erzählen?
frösche quaken laut

CHRISTA MEISSNER

ein grünes Fröschlein
auf rotem Rucksack
was sucht es?

EVA MARIA HOMOLA

aus der tiefe
mit nassen augen
froschmond

SYLVIA BACHER

nächtliche kurven
um springlebendige und
platte frösche

Sylvia Bacher

der Teich verwahrlost
dicht an dicht sonnen sich
junge Frösche

Gabriele Hartmann

Ein Frosch springt vom Ufer
hinein in die Sterne, treibt langsam
dem Grund zu.

Volker Friebel

Der Mond auf der Wasserfläche
irritiert
Froschgequake

Kallouchy Mostafa

So ein Gequake!
Die Fröschin hört's und schweigt
Sie kennt die Lieder ...

Rosemarie Schulak

Im Seerosenteich
quakt ein dicker Frosch.
Leise naht ein Storch.

Petra Kroner

Berge spiegeln sich
im Teich – Frösche hüpfen
von Gipfel zu Gipfel

Hans Wulz

midnight
all frogs go home
but one

Martina Khamphasith

Geteerter Parkplatz –
auf dem Lexusdach ein Frosch,
klitzeklein, hellgrün.

Horst Ludwig, USA

Frühlingsnacht –
Moorfröschchen necken
den badenden Mond

Heidelore Raab

ein frosch legt an
am seerosenblatt –
respektvoll weicht ein falter

Theo Schmich

nachts Froschgequake
unsere Nachbarn grüßen
nicht mehr

Pit Büerken

Konzertende
der Frosch nimmt die Nacht mit
in den Teich

Anke Holtz

Österreichische Dialekte

Die österreichische Literatur hat in den letzten Jahrzehnten ein recht unbefangenes Verhältnis zu ihren Dialekten entwickelt. Wir schreiben unsere Haiku auch in mehr oder weniger ausgeprägten lokalen Varianten, wenngleich der überwiegende Teil der Schriftsprache folgt, öfters mit leicht austriakischem Touch.

Is do wuascht
ob da Frosch ins Wossa springt
nua ka Nochtkonzert!

[Ist doch egal
ob der Frosch ins Wasser springt
bloß kein Nachtkonzert!]

Paul Dinter
(*übertragen ins Hochdeutsche, Petra Klingl*)

Kaunn da Frosch hearn, wia
laut er quakt? Plotzt eam net glei
des Trommeföe?

*[Kann der Frosch hören, wie
laut er quakt? Platzt ihm nicht gleich
das Trommelfell?]*

GERTY EDERER
(*übertragen ins Hochdeutsche, Petra Klingl*)

Fresch, Krötn, Unkn
ruafn, pfeifn, knattern noch
Sex! Wia iberoi ...

*[Frösche, Kröten, Unken
rufen, pfeifen, knattern nach
Sex! Wie überall ...]*

GERTY EDERER
(*übertragen ins Hochdeutsche, Petra Klingl*)

gemma gemma
eini ins Wossa – do hint
kummt da Bashō

*[hoppauf! hoppauf!
rein ins Wasser – da hinten
kommt der Bashō]*

TRAUDE VERAN
(*übertragen ins Hochdeutsche, Petra Klingl*)

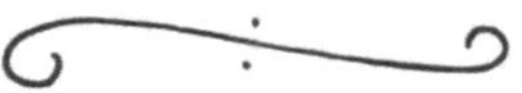

Bildende Kunst

Einige Frösche zieren ja schon diese Seiten. Hier noch eine interessante grafische Variante von Patrick Schuler und mein Lieblingsfrosch aus Franz PETers Büchlein *Zen für Frösche*.

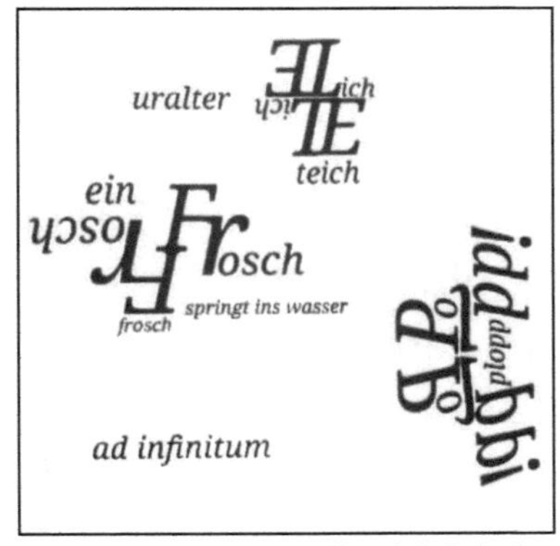

Patrick Schuler

Franz PETers

Wussten Sie, dass …

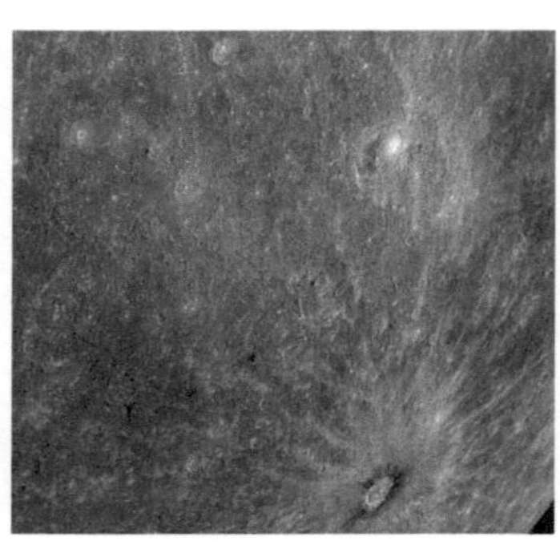

… es auf dem Merkur einen Krater namens Bashō gibt? Ein Krater, benannt nach einem Haikudichter!

Obwohl er nur etwa 80 Kilometer Durchmesser besitzt, kann man ihn an seinem hellen Strahlensystem schon aus großer Höhe erkennen. Das Foto zeigt einen interessanten Hof aus dunklem Material. Es handelt sich um Graphit, das beim Einschlag eines Meteoriten aus dem Inneren des Kraters aufgewirbelt wurde.

Frösche gibt es auf dem Merkur allerdings keine.

Mariner zu Besuch!
Im Krater sitzt Bashō
und strahlt

Traude Veran

Seit 400 Jahren erfreut sich die Welt an Bashōs Frosch-Haiku. Von all den vielfältigen Gedanken kann meine Sammlung in diesem Büchlein nur einen kleinen Ausschnitt wiedergeben. Ich schließe mit JOACHIM GUNTER HAMMER:

Heute Nacht stimmen
all meine Verse
ein letztes Froschkonzert an.

Literaturverzeichnis

ARTMANN, H.C. In: Wien als Schmelztiegel der Haikudichtung. Hg. Petra Sela. Zweisprachig D/E. Verlag der ÖHG 2014, S. 106

BARTHES, Roland: Das Reich der Zeichen. Suhrkamp Verlag, Frankfurt am Main 1981, S.65

BUERSCHAPER, Margret: Festrede 15 Jahre DHG, zitiert von Sylvia Bacher

FALK, Eike: Haiku vom Frosch. www.wordpress, Oktober 2014

FRIEBEL, Volker: Manchmal Tau. Lyrik und Haiku. Edition Blaue Feder, Tübingen 2019

HASHI, Hisaki: The Influence of Zen-Buddhism on Haiku Poetry. In: Wien als Schmelztiegel der Haikudichtung, S. 62ff.

Liebe, Tod und Vollmondnächte. Japanische Gedichte, übers. Manfred HAUSMANN. S. Fischer, Frankfurt/Main 1960

KAVEN, Carsten: Das Haiku im Anthropozän. Sommergras 130/Sept. 2020, S. 21

LANOUE, David G.: Write Like Issa – a haiku how-to. HaikuGuy.com, New Orleans, USA, S. 89

Matsuo BASHŌ, Frog Haiku (Thirty-two Translations and One Commentary by Robert Aitken) www.bopsecrets.org/basho-frog

PETers, Franz: Zen für Frösche. dreiundzwanzig verlag, Köln 2015

ROTTAUSCHER, ANNA VON: Ihr gelben Chrysanthemen! Japanische Lebensweisheit. Scheuermann, Wien 1941.

SATO, Hiroaki: One Hundred Frogs: From Renga to Haiku to English. Weatherhill, NY 1983

SCHULER, Patrick, in: Deutsches Schriftstellerforum, dsfo.de

STAUFENBIEL, Gerhardt: Wind in den Kiefern. Haiku und Haibun. Zenkunst der Achtsamkeit. Verlag tredition 2020

STICKELER, Luisa (Red.) in: www.schreiben.net/artikel/haiku-4017

TAUCHNER, Dietmar: in: Wien als Schmelztiegel der Haiku-Dichtung, S. 115ff.

Teich-Frosch-Platsch, In: www.lyrikzeitung.com/2018/11/28/teich-frosch-platsch/

VERAN, Traude: Widerborstige Wörter. LOTOSBLÜTE 2020, S. 196ff.

WITTBRODT, Andreas: Hototogisu ist keine Nachtigall. Traditionelle japanische Gedichtformen in der deutschsprachigen Lyrik (1849–1999). V&R unipress, Göttingen 2005.

Workshop-Bericht: Kein Einführungskurs ohne Bashōs Frosch-Haiku. Sommergras 124/2019, S. 75ff.

Frosch-Haiku aus: LOTOSBLÜTE (alle Nummern) und SOMMERGRAS (2016-2020)

Bücher und Periodika

mit Veröffentlichungen von Traude Veran

AFRIKU – VIENNA MEETS AFRICA. Hg. Sylvia BACHER. Dreisprachig D/E/F. Sonderdruck der ÖHG 2019

LOTOSBLÜTE: Zeitschrift der ÖHG (jährlich)

SOMMERGRAS: Zeitschrift der DHG (vierteljährlich)

VERAN, Traude: Primzahlverse. Haiku, Senryu und Tanka. Zwiebelzwerg Verlag, Willebadessen 2012

VERAN, Traude: Auf dem Lande; Tag- und Nachthaiga; Verblasste Erinnerungen. 3 Bände Haiga, Wien 2014

VERAN, Traude: Gedanken Reisen. Texte nach Art des Haibun. Verlagshaus Hernals, Wien 2017

VERAN, Traude: Phorusgasse 8. Beobachtungen von Gegenüber. Geschichte einer Baustelle. Sonderdruck der ÖHG, Wien 2020

Wien als Schmelztiegel der Haikudichtung. Hg. Petra SELA. Zweisprachig D/E. Sonderdruck der ÖHG, Wien 2014

Traude Veran

Traude Veran, geb. 1934 in Wien, Sozialarbeiterin, Erwachsenenbildnerin und promovierte Psychologin. Sie wirkte mit Schwerpunkt Integration von behinderten und benachteiligten Kindern in verschiedenen Bundesländern, vor allem im Burgenland, und in Deutschland. Seit der Pensionierung lebt sie als Schriftstellerin, Kulturjournalistin und Hobby-Lokalhistorikerin in Wien.

Erste Versuche mit dem Haiku stammen aus den Achtzigerjahren, intensiv beschäftigt sie sich damit seit Mitte der Neunziger. Sie ist Mitglied der *Österreichischen Haiku Gesellschaft* (ÖHG) und der *Deutschen Haikugesellschaft* *(*DHG), sowie Redakteurin der *LOTOSBLÜTE* (ÖHG). Mehrere Auszeichnungen, u.a. das *Goldene Ehrenzeichen für Verdienste um die Republik*.